hab
selig
keiten

AF140368

FSC
www.fsc.org
MIX
Papier aus ver-
antwortungsvollen
Quellen
Paper from
responsible sources
FSC® C105338

Bibliografische Information der Deutschen Nationalbibliothek
Die Deutsche Nationalbibliothek verzeichnet diese Publikation
in der Deutschen Nationalbibliografie; detaillierte bibliografische
Daten sind im Internet über http://dnb.d-nb.de abrufbar.

© 2015 Madeleine Buess
Umschlagillustration: Rosa Lorenzo Iglesias, die rote Pyramide
Umschlagdesign, Satz, Herstellung und Verlag:
BoD - Books on Demand
ISBN 978-3-7386-9176-4

hab
selig
keiten

Gedichte von Madeleine Buess
mit Illustrationen von Rosa Lorenzo Iglesias

HAB ACHT JEDE NACHT

hab Acht auf das Korn
das jede Nacht
aus dem Traum
in den Teppich fällt

nimm es in deine Hand
bis es keimt
und weiter bei Tag
in deine Augen Öffnungen treibt

und du lachst und du weinst

und es schafft
Lücken auch Raum
schafft Durchzug in dir
für Freieres Wildes

drum hab Acht auf das Korn
das jede Nacht
in den Teppich fällt
dass du's am Morgen noch findest

TAGWERK

wie köstlich ist's

beim Erwachen
sich lebendig zu fühlen
ins Licht zu blinzeln
die Luft einzuziehen

aufzustehen
Schönes zu berühren
Schweres umzupflügen
Verstreutes den Vögeln zu überlassen

sie nehmen's im Flug

KLEINODE

ein lied auf das kleine
gedicht auf das zierliche feine
sei's vogelgezwitscher
grillengezirp
sei's blätterrascheln
ein sonnenstrahl
sei's ein willkommensruf
kleinode sind's

nicht nach der mode
gleichwohl
dass ich sie lobe

KUCKUCKSRUF

der Ruf des Kuckucks
weckt
eine ferne Erinnerung
an einen Kuckucksruf

höre ich den Ruf nun?
höre ich das Echo meiner Erinnerung?

Sehnsucht
erwacht
ergreift mich
nimmt mich mit

zu einem unbestimmbaren Ort
wann? wo?

nur Glück

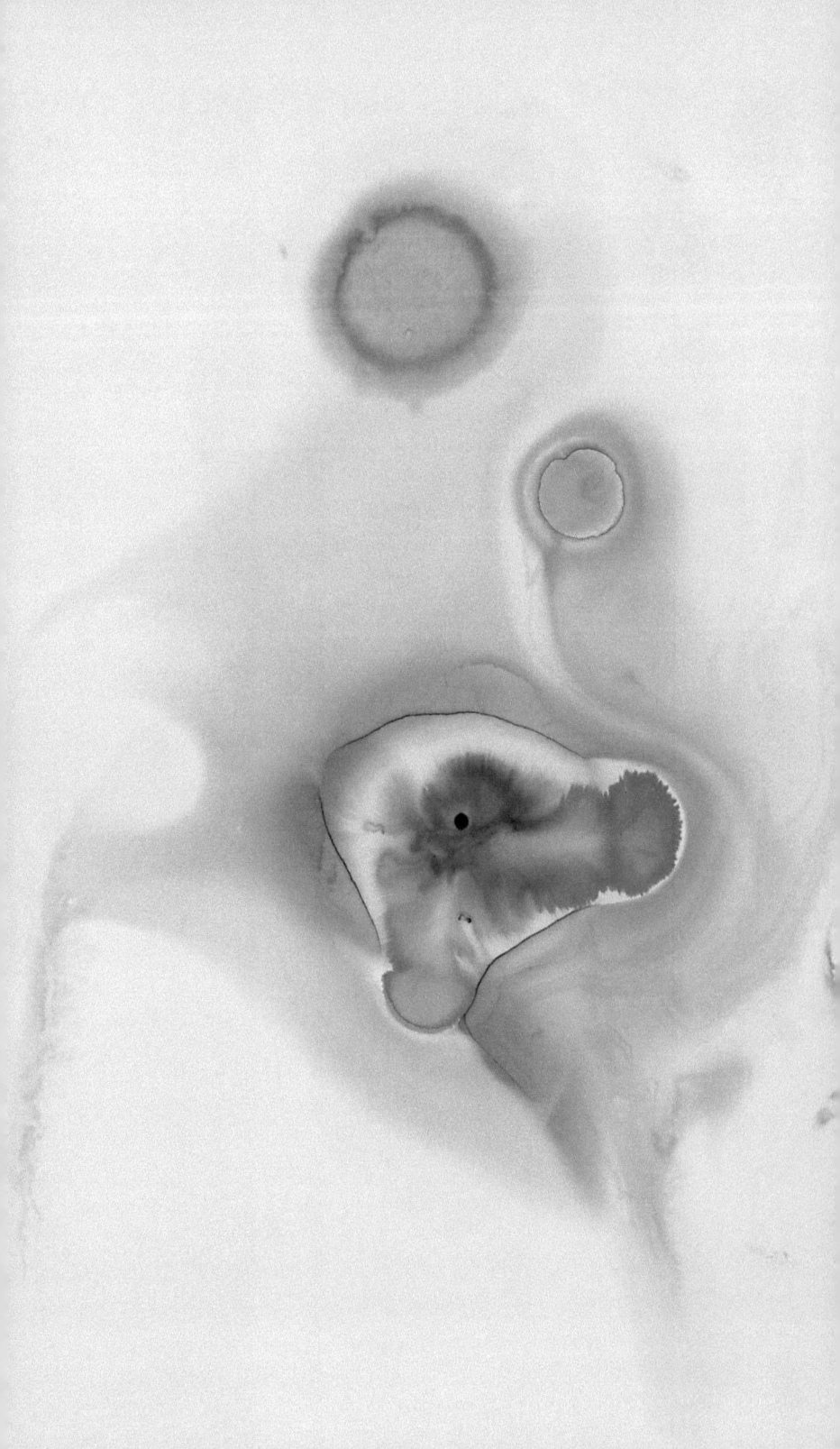

ZEICHEN IM RAUM

ein Hundsrosenstrauch
am Weg
ein Windhauch
bewegt
Blüten Blätter
auch Zweige

wandelt
Blütenblätter und Zweige
vor meinem Aug
zu windbewegten
schwebenden Zeichen
im weiten Raum

schwarz und zartrosa

BERGSEE

Spiegel möchte ich sein
still wie der Bergsee
er nimmt
Wolke Berg Weg
in sein Ruhen hinein

Spiegel wie er
ruht
und vergeht

LUFTSCHLOSS

ein schloss in der luft
unsre erde

eine kostbarkeit
umfangen vom all

bewohnt nicht nur von menschen

auch von stürmen
meeren
bergen
bäumen und vögeln

stürme
gewaltiger als trompetenstösse
das lied der lerche
voll lob

SELIGPREISUNG

glücklich die Sanftmütigen
denn sie
die mit Sanftheit
mit Mut
mit Sanftmut sich gürten
werden die Erde behüten

DAS UNSICHTBARE

das Unsichtbare
ist wie der Atem
der Sichtbares belebt

ist wie Freude
wie Schönheit
die es erhebt

spüre ich es
ist mir
als würden mir Flügel

WER BIN ICH?

ich bin Stille

            ich bin Geschrei

ich bin umfangen

            ich bin allein

ich bin dies

            und bin das Gegenteil

      doch wer bin ich?

       die Mitte ist
     sie weiss um mich

DAS ALLERMITTEILSAMSTE

Gott ist

das Mitteilsamste
das Teilsamste
das Mit
die Mitte
der Mitteil
das Aller
das Allermit

das Allermitteilsamste
ist Gott
sagt Meister Eckehart

LEBEN

wir glauben
wir hätten
das Leben im Griff
bis es uns
trifft

uns schüttelt
erschüttert
berührt
verwirrt
aus der Bahn wirft

das Leben eben
das unzähmbare
spontane
sanfte gewaltige
Leben

fordert
Hingabe
Mut
ja Hingabe
denn es ist Gabe

SEI'S FREIER

sei's
auf unsern Lebensreisen
nicht je länger
je enger
vielmehr sei's freier
sei's weiter
nach Art
alter Narren und Weisen
sei's heiter

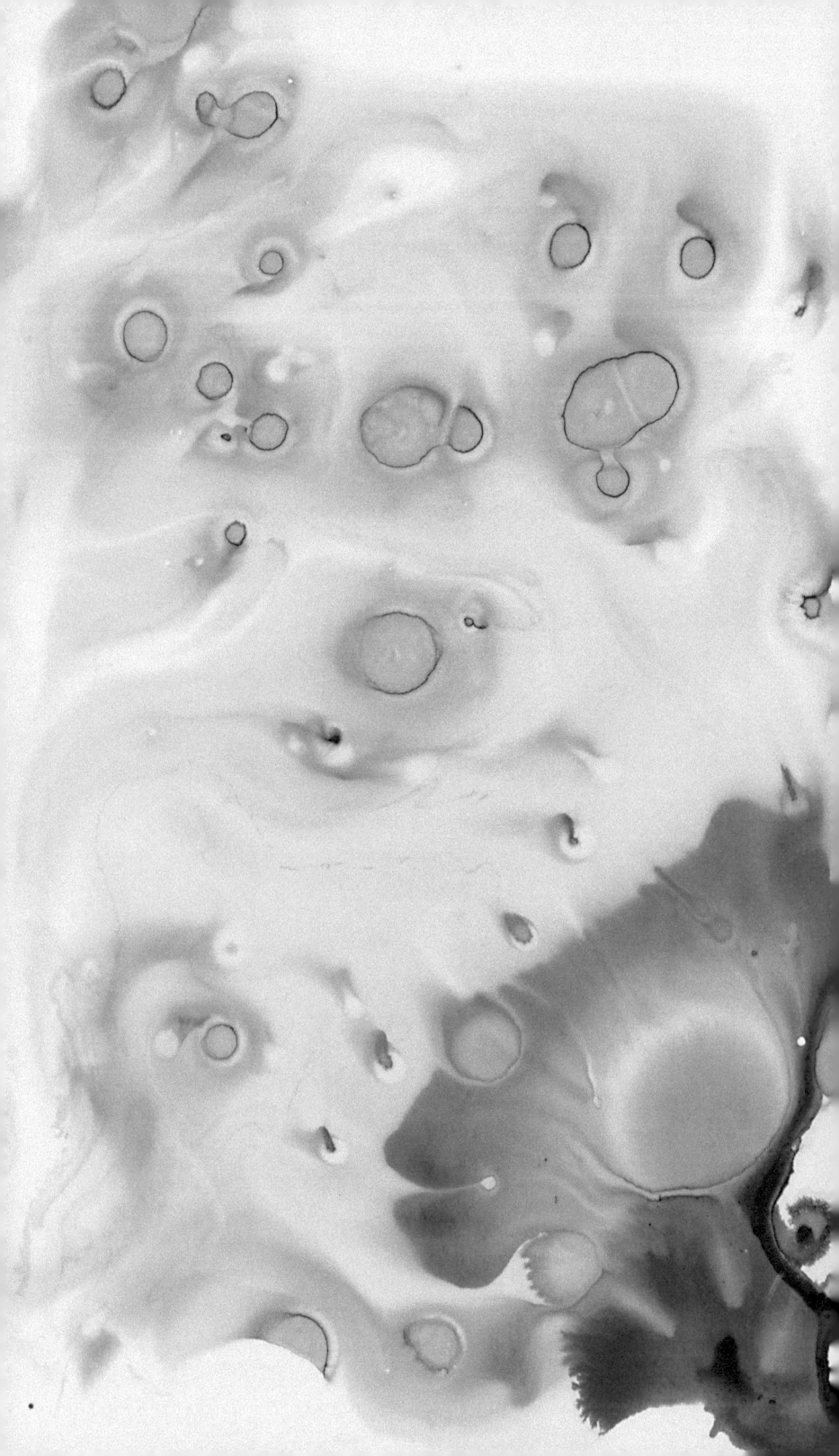

LEBENSLAUF

einst
schwirrte ich wie ein Pfeil
vom gespannten Lebensbogen

nun steige ich langsamer
falle manchmal
manchmal tragen mich kaum die Beine

gehe näher zur Erde
sehe schärfer
ihre Schönheit und ihre Verwundung

prüfe beide
und falle
langsam ihr zu

Erde
Mutter
du

DIMINUENDO

diminuendo
wird mir im traum gesagt
was heisst

vermindern
weniger
leiser
werden

an kräften
gewicht
lautstärke
abnehmen

der sanftheit
leichtigkeit
dem schweigen
mich nähern

den schmetterlingen
und ihrem
entschwinden

ZWIEGESPRÄCH

du reden
ich hören
ich reden
du hören

Worte und Schweigen
Schweigen und Worte

offener Raum

EIN KORN LIEBE

Liebe
so klein
wie ein Korn

retten wir's
aus den brennenden
Kammern der Angst

säen wir's aus
damit es keime
damit es gedeihe

zum Baum werde
zu unserm Liebesbaum
darin wir auf und nieder steigen

mit Vögeln
im wogenden Blätterdach
Nester bauen

in die Freiheit hinaus

WIE NUR FREUDE SO TIEF

nach all den Trennungen
Schmerzen
Härten

Wange an Wange mit dir

lässt innerste Süssigkeit spüren
tiefer als alle Schmerzen
wie nur Freude so tief

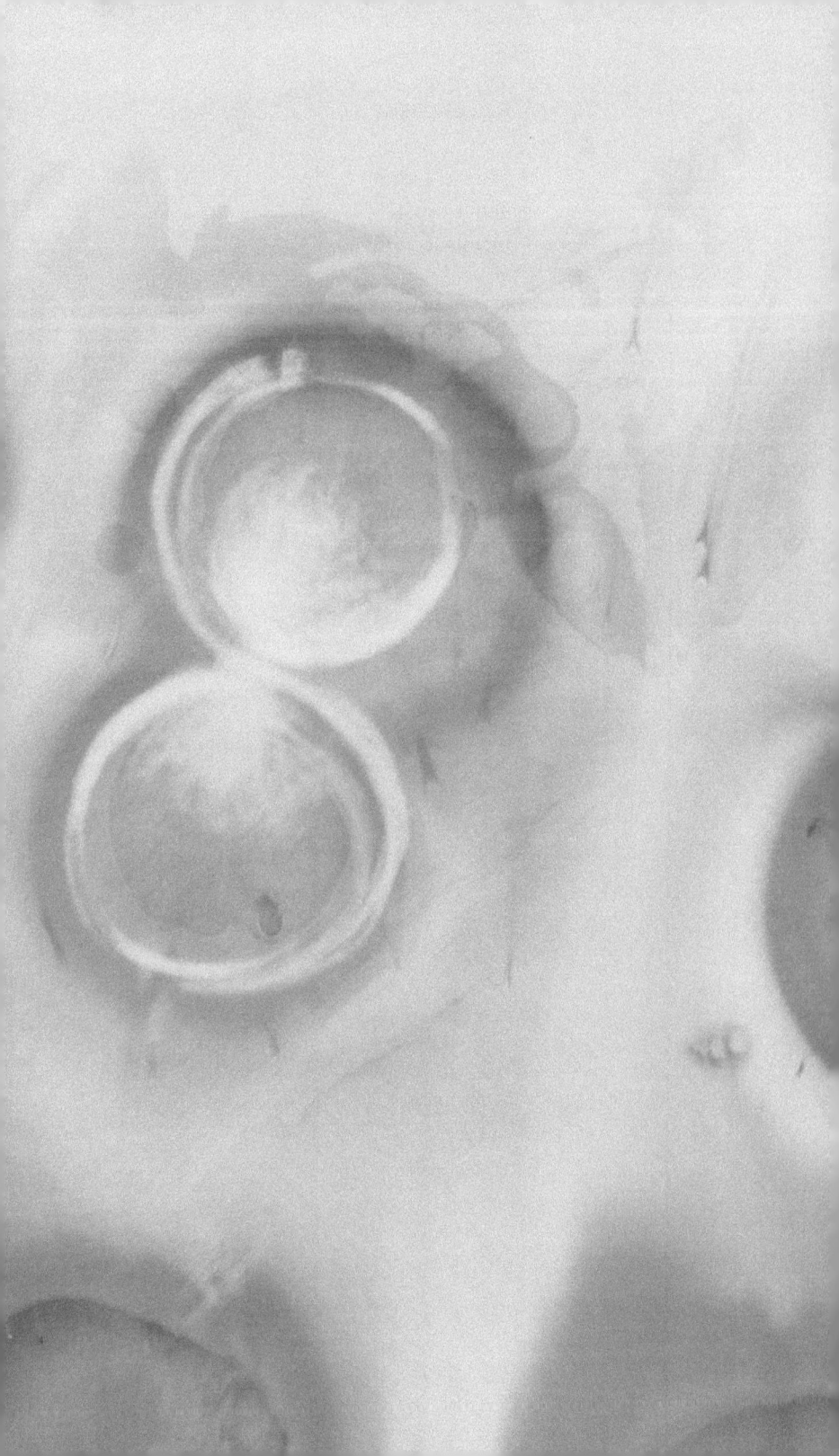

HERBSTLIEBE

alle die Farben
vom Herbst
bevor sie vergehen

lass Lieber
ihre Schönheit
mit uns verweben

ein Teppich
aus Wärme und Licht
darin wir ruhen

und der kalte Tod
erreicht
unsere Herzen nicht

BITTE

dieser Augenblick Ewigkeit zwischen uns
wenn dein Schiff auf hoher See
aufsteigt und langsam in mein Auge einläuft
wenn du aus deiner Sprachlosigkeit
aufbrichst und dich mir zeigst
wenn dein Kern der samtene weiche
offen da liegt

gib dass ich ihn behüte
ihn nicht wegfege in Achtlosigkeit
gib dass ich das Schiff empfange
gib dass ich dich bei der Hand nehme
und zu den Rosen hinführe
den wilden und zarten
die bald schon verwehen

und wir dann gemeinsam
das Haus betreten

HUNDSROSE HAGEBUTTE MARK

Hundsrosen am Weg
Blüten rosa und zart
winken mir über den Hag
aus Mutters stillem Garten

und später im Jahr
blinken Hagebutten
sonnensatt sonnenwarm
vom dunkleren Wegesrand

ihr kräftiges Mark
wird zu Mus gekocht
süssem und weichem
in Mutters schattigem Topf

ja mir ist
Mutter selber
spürte ich da
        sähe ich dort

an der Hecke
im knisternden Strauch
mehr noch im süssen Mus
das vom Löffel tropft

über Sommer und Jahr hinaus

LEBEN DUFTENDER BAUM

meine Mutter ist gestorben
ich weiss es gewiss
doch seh ich sie oft
vor ihrem Haus

dort schnippt sie
mit den Fingern
zeigt in die Luft
auf einen blühenden Apfelbaum

ich erwache verwirrt
und spüre nur dies:
ein neuer Duft
durchströmt mich vom Traum

dieser Duft
vom blühenden Apfelbaum
ist -
ist über alles Fragen hinaus

GEDANKEN HABEN

wir haben Tausende von Gedanken am Tag

haben wir frohe Gedanken
ist es ein fröhlicher Tag
haben wir schwere Gedanken
ist es ein schwerer Tag
haben wir wirre Gedanken
ist es ein verworrener Tag
haben wir freie Gedanken
ist es ein freier Tag

nachts haben wir Traumgedanken

wie Glücksfäden wie Pechsträhnen
durchziehen durchwirken sie
die Gedanken vom Tag

VORSTELLUNGSDUNST

wir überziehen
mit Vorstellungen
uns und die Welt
streiten
schlagen uns drum

selten nur
stehen wir auf
aus dem Vorstellungsdunst

sehen uns um

eine Welt
uns fremd unbekannt
umspielt
unsere Sinne
lockt uns in offenes Land

zu schauen
hören
staunen

IM FALLEN

rot und weiss
blättern die rosen auf
fallen so weich und sanft
in meine
ins festhalten
verkrallten
gedanken
wandeln
im fallen
sie zu schmetterlingen
die spielend gaukeln

blätter
so zart wie ein hauch
wandeln
im fallen
mich auch

SIE

den strauss von ihm in händen
sein duft
sie kann es wenden
wie sie will
weckt bilder
die sie süss umfangen
nur ihm zu danken
wehrt sie sich
bis sie auch den gedanken
von sich schiebt
und es in ihr
ganz stille wird
so still
dass sie
an strauss und duft
sind hingibt
und verliert

HOFFNUNG

denn das Grün
die Grünkraft der Wiesen
der Bäume wenn sie austreiben
das Grün das die Erde verjüngt

die Grünheit der Menschen
die Sorgfalt üben
Mitgefühl üben
das Grün ihrer Zuversicht

dieses Grün
wird unser Dunkel aufreissen
uns aufstehen heissen
Wege weisen

das helle Grün
wird dich und mich
und unsere verzagten Herzen
anstecken mit dem Funken

Hoffnung

HEILEN

es fängt mit den Wunden an
es fängt mit den Händen an
es fängt mit Berühren an
es fängt mit behutsamen Händen an
es fängt mit sorgsamer Berührung an
es fängt mit Gefühl und Mitgefühl an
mit der Liebe fängt es an
fängt es an zu heilen und heil zu sei

WAHRNEHMEN

es wahr nehmen
es aufnehmen
es betrachten

es nicht grösser machen
es nicht kleiner machen
es achten

es benennen
es anerkennen
es im Sinn behalten

es nicht müde werden
wach zu sein
für wahr es halten

ZU MUT

ich mute mir zu
etwas zu sagen zu haben
doch versuch ich's zu sagen
verkrampft sich mein Magen
und mir fehlt der Mut

drum sprech ich mir Mut zu
bevor ich's wage zu sagen

sag ich es
wird mir leichter zumut

BE GREIFEN

was ist?
Quälendes
Ungewisses
nimm es in deine Hand
spür es wäg es
fass es an
spiel mit ihm
wirf es auf
greif zu
es liegt an dir
begreifst du?

VERSTEHEN

Verstehen hat etwas mit Stehen zu tun
worin worauf woran stehen?
nicht auf dem Kopf
nicht in der Luft
auf dem Boden stehen mit zwei Beinen

Verstehen hat mit Sehen zu tun
mit genau und weiter Sehen
sollst unverwandt
mit geschärftem Blick
hinausgehen über blosses Meinen

Verstehen hat auch mit Gehen zu tun
mit Bewegen und Verwandeln
verstehen dass du durch alles
hindurchgehen musst
was immer dir begegnet

Schmerz Angst auch Lust
und dass du immer wieder
im stetigen Fluss
deinen Stand und Grund musst aufgeben
um selber verwandelt zu werden

ANTWORTEN

um unter Menschen
sich zu orten
um frei und offen
zu antworten
um sich mutig
zu verantworten

braucht's

auf zwei Beinen
stehen
bei sich selber
ein und aus
gehen

im eigenen Körper
wohnen
am eigenen
Ort

AUGENWEIDE

in Augenschein nehmen
ein Augenmerk haben
ins Auge fassen
sich nicht täuschen lassen

doch hin und wieder
und Augen zwinkernd
auf saftiger Weide sich niederlassen

und sich am Grün laben
neben Kühen Ziegen und Schafen

BALLAST

ist's ein ball
eine last
ein ast?
's ist ballast

ist's ein ball
wirf ihn auf
ist's eine last
schau sie an
ist's ein ast
zieh ihn herab
ist's ballast
wirf ihn ab!

's ist ein ball
und eine last
's ist ein ball
an einem ast
bleib am ball
mit dem ast
mit der last!

zieh am ast
dreh die last
kommt der ball
fällt ein apfel
in deine hand
beiss ihn an!

ÜBER MUT

ob Hochmut
ob Demut
ob Grossmut
ob Kleinmut
ob Sanftmut
gar Unmut

einfach Wildermut
dachte er
und das ist genug

Herr Wildermut
ging durch's Leben
mit Hochmut
zunehmend mit Unmut
selten mit Grossmut
immer öfter mit Kleinmut

verlor
zuletzt
allen Lebensmut

musste tief
tief hinabgehen
Sanftmut lernen
Demut lernen
brauchte dazu
seinen äussersten

seinen letzten
Mut

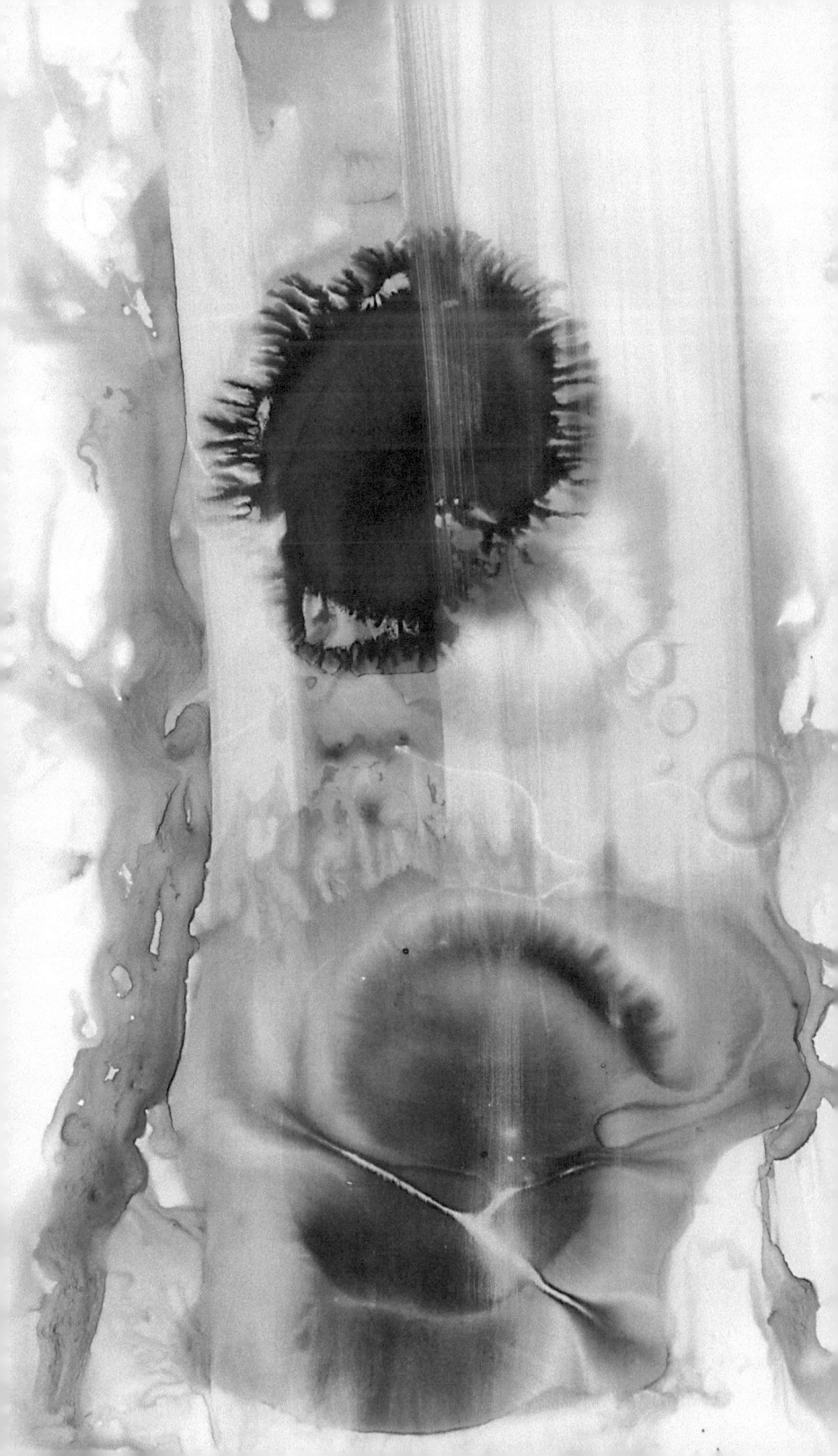

WIE KIESEL VOM GRUND

grosse blaue Augen
kleiner Mund
sie hat rissige Hände und Warzen ringsum
arbeitet in der Stiftung Wendepunkt

und sie hat einen ganz besonderen Wunsch
möchte mal etwas erzählen von sich
dass man ihr zuhört
sich interessiert

zum Beispiel wenn sie einen schönen Tag gehabt
Braten mit Gemüse und Beilage gemacht
es hat geschmeckt
der Freund hat gelacht

sagt's und redet
es sprudelt aus Augen und Mund
lauter Glückseligkeit und

Hoffnung
auf eigene Worte
so einfach so rund

in die Hand zu nehmen
wie Kiesel
vom Grund

IRIS

sie heisst
Iris
und hat blaue Augen
hat glänzendes Haar
doch mag sie sich nicht sehr
und findet den Namen
Iris
ganz und gar
unbrauchbar

sag ich zu ihr
Iris
dein Name
mir ist
er liefe dir vielsagend voraus
will sagen
es blühte dir
Iris
sei's Blume
sei's Regenbogen
nur Schönheit ums Haus

und innen
Iris
ich ahne
wie blau erst
wie regenbogenfarbig
du strahlst
wenn
Iris
du mal
was in dir ist
wirklich anschaust

VON FUSS BIS KOPF

oft fühlt sie sich wie ein Tropf
als hätte sie keinen Kopf
als hätte sie ihr Leben
an andere abgegeben

die machen's besser
die sind gescheiter
bei denen geht's heiter
und so weiter und so weiter

denkt sie und schüttelt den Kopf
ja fein wär es doch
mit eigenen Augen
die Welt anzuschauen

mit eigenem Mund
zu lachen zu plaudern
mit eigenen Ohren zu hören
mit eigenem Kopf zu verstehen

denkt's und fasst sich am Schopf
setzt zurecht ihren Kopf
und findet sich gar nicht so übel
im Spiegel

von Kopf bis Fuss
und
von Fuss bis Kopf

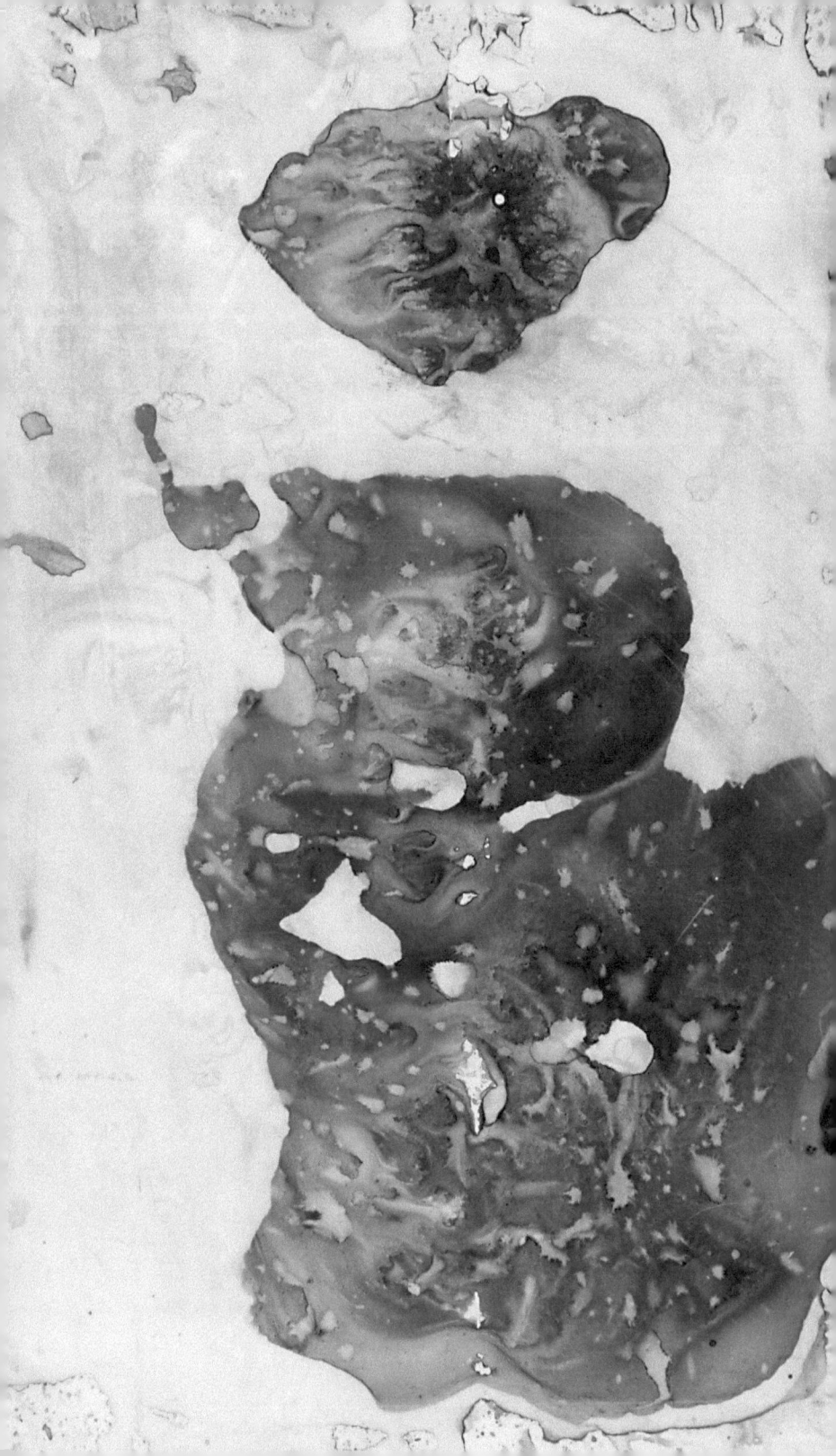

MÖRDERGRUBE

sie macht aus ihrem Herzen eine Mördergrube
eine Grube voll Mörder
eine ermordete Gruppe
ein finsteres Loch
doch
machte sie aus ihrem Herzen einen Garten
spielten bis tief in den Abend
darin Farben und Schatten
und Lichter
noch in der dunklen Nacht

GEIZKRAGEN

der geiz und der kragen
zum platzen der hals
das herz fühllos kalt
die güte die blüte
wo bleibt sie
das aufnehmen verströmen
sich öffnen verwehen?
der atem
wo bleibt er
das ein und das aus?

DAMPFKOCHTOPF

er kocht
und er hat Druck
dass es ihm fast den Schädel lupft

wer nimmt ihn vom Feuer
befreit ihn vom Druck?

eine Freundin die Zeit heisst
wartet verschmitzt
hinter seinem hochroten Kopf

zwinkert mit dem Aug

OFFEN FÜR DAS WAS BEGEGNET

er ist gewohnt
zu übersehen
zu übergehen

es geht ihn nichts an

früher
wurde er selber übersehen
übergangen

an ihm war nichts dran

bis er anfängt
ohne über
zu sehen zu gehen

plötzlich merkt man's ihm an

er sieht's
es begegnet
und geht ihn was an

PETER SO GEHT ER

Schwarzer Peter
Strubelpeter
Ziegenpeter
Miesepeter -

ja vieles wird Peter

vorgetragen
nachgetragen
aufgehalst
und abgeladen

drum geht er

klammheimlich
man achtet ihn nicht
wandert durch das Gewirr
von Petern

schaut es an
lässt es hinter sich

KURZGESCHICHTE

sie im zug getroffen
angesprochen
gehört dass sie
ununterbrochen
woher wohin?
gereist sei
über nacht

und weiterhin
mit ihr gesprochen
ihr gutes zugewünscht
und aufgebrochen
den letzten blick von ihr
noch warm und lächelnd
heimgebracht

ALMAS TRAUM

längst hat ihn Alma vergessen
den wilden Mann
als er spät noch zu ihr kommt
im Traum

er begrüsst sie mit einem Baum
danke sagt sie
weiter nichts
und steht auf

sie tanzen zusammen
durch Almas schönsten Traum
die alte Frau und
der wilde Mann mit dem Kirschenbaum

WIE EIN FLÜCHTIGER SONNENSTRAHL

sie trägt ihr Leben
wie eine dunkle Wolke
um ihre kleine Gestalt

ihr langes Leben eben
voll Kränkung
und Mühsal

doch wandert zuweilen
leichtfüssig
an ihrer Seite

das junge Mädchen
das sie gewesen
voll Schalk

geht neben ihr her
wie ein Sonnenstrahl
und erheitert

erheitert die alte Frau

PUNKT

er hat einen Punkt
an der Nasenwurzel
unter der Stirn
da zieht's ihn manchmal
zum Abgrund hin

sein Blick wird
eng wie ein Schlitz
und Angst
hat ihn im Griff

doch plötzlich

wandert Sonne
über sein Gesicht
um ihn
zärtlich zu berühren

sein Punkt
am Abgrund
wird licht
zwei Augen
beginnen zu sprühen

ALLERLEI WIRBEL

ein Sonnenstrahl wirbelt einen Mückenschwarm auf
Zweifel eine Horde Gedanken
der Sturm wirbelt einzelne Ziegel vom Dach
Wortfetzen wirbeln mir durch den Kopf
bunte Blätter durch den Garten
und was wirbelt eben zur Tür herein?
's ist mein zappliges Meretlein
will nicht mehr warten

LAUTER ÜBERMUT

überall auf den Wiesen
kreisen die Sonnenräder
auch meine Schultern
lockern sich
rollen
und heiter
winkt aus dem Fernzug
lauter Übermut

mir ist
als mache sich alles frei
ob Baum ob Strasse
ob Haus ob Stein
mache sich frei
weil in allem
die Lust zu tanzen sei

MITTEILUNG

kreuz und quer
gehen die Botschaften der Vögel
zwischen den Wolken
den Bäumen Häusern im Wind
sind voll Spiel- und Mitteilungsfreude
tu es uns gleich
bedeuten sie mir
schaffe Verbindung wie wir
nimm Anteil
sei ein Teil von uns allen
rufen die Vögel
im Aufsteigen Fallen
während ich
mit der Wegwarte Zwiesprache halte
über Bodenhaftung
sich öffnen
vertrauen

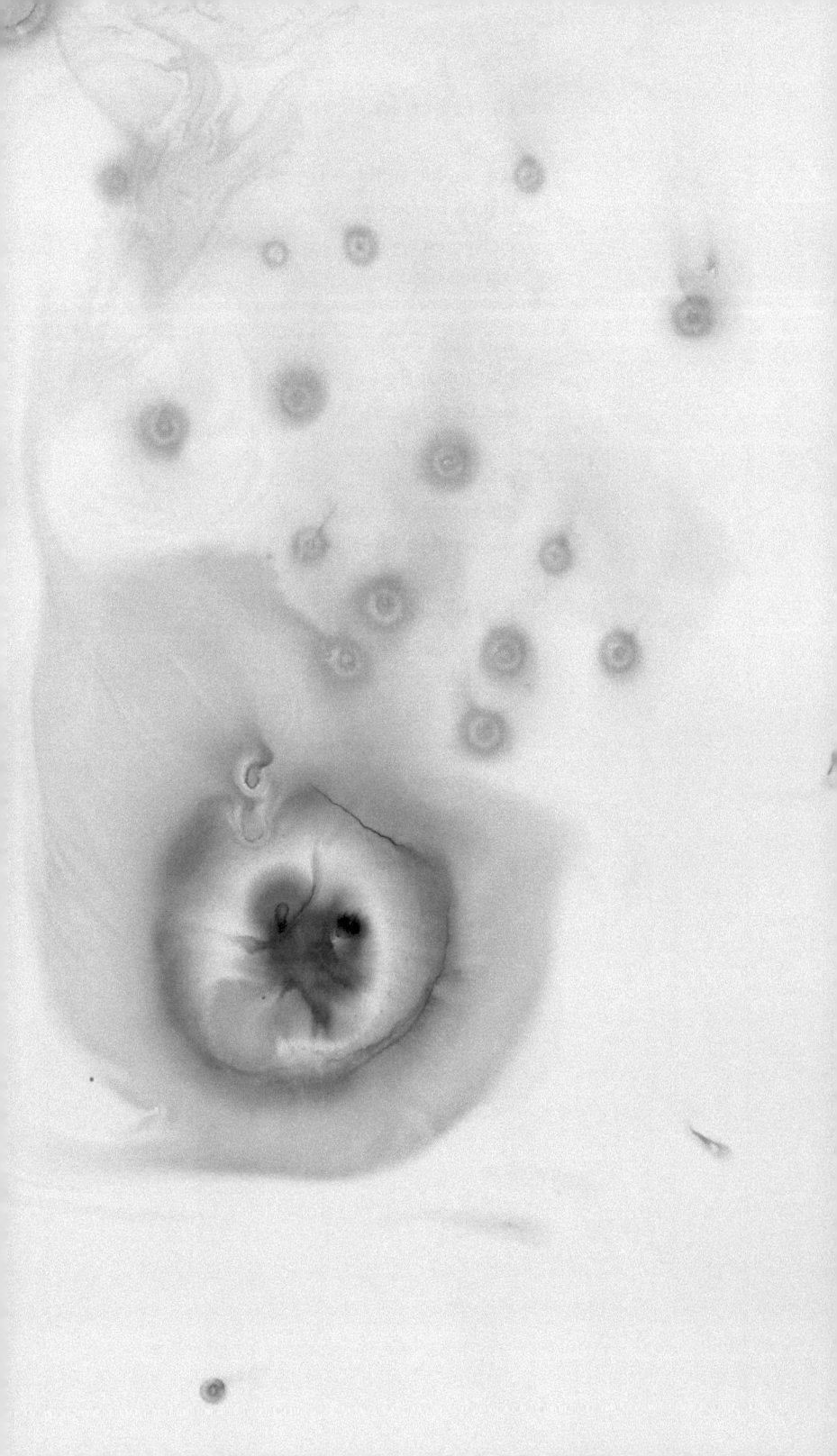

ERSTE SCHWALBEN

wie sie hin und her jagen
Haken schlagen
lachen lachen
mir ins Gesicht

wer aber bin ich
hier unter die Schatten
der Dinge gedrückt?

während sie
die Freude berühren
die Freiheit im Flug

beginne ich
die verdunkelten Augen
ins Licht zu drehen

sie langsam zu öffnen
zu blinzeln
zu sehen

AM SEE

das wasser
das an land fliesst das land
das zu wasser verfliesst der himmel
der ins wasser einzieht das land
das mit dem himmel fortzieht
und schilf hier
und da
eine schwirrende entenschar
und überall
nichts als fliessende ziehende
entschwindende wiederkehrende gegenwart

IM GETRIEBE

dampft der See
rauchen Kamine
liegt zieht zerfasert das Wolkengeschiebe
brütet das Wellenmeer
ich selber ein Räuchlein Dunst im Getriebe
wohin? woher?

plötzlich zerreisst
ein Lichtstrahl
das dumpfe Gemenge
schafft einen schwankenden Steg
über's Wellengedränge
und ich sehe einen Weg

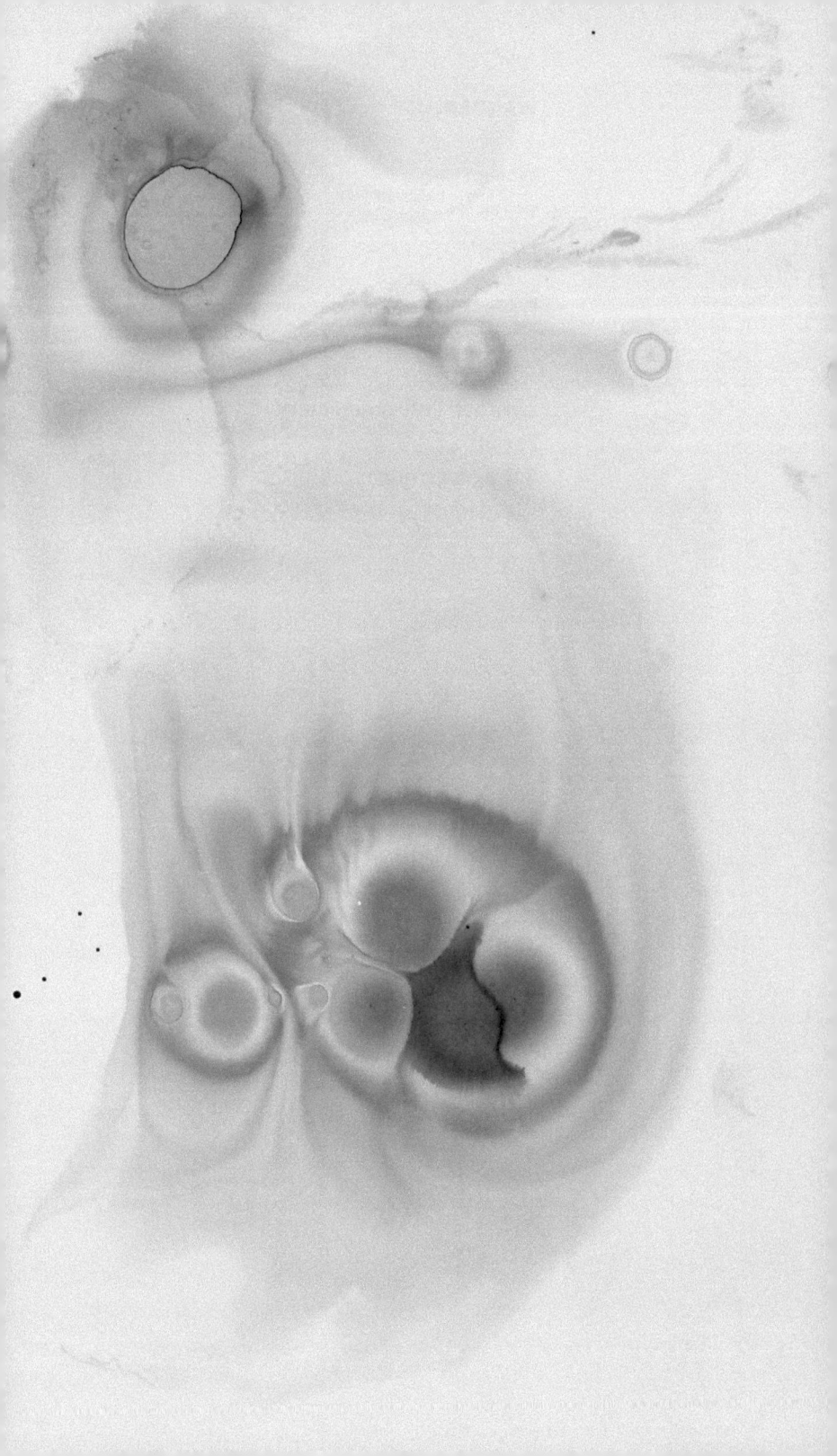

WANDERLUST

Wolken
Vögel
Wellen

Freiheit zu spielen
Freiheit zu ziehen

zwischen Erde und Himmel
Zugluft
Bewegungsfreude
Wanderlust

DIE FARBEN VOM SOMMER

von Sommer zu Sommer

liefen wir wie im Traum
tanzten mit Feuervögeln
warfen die Sonnenhüte
ab und auf

viele Kindersommer lang

wuchsen heran
wurden fest
wurden kalt
--

aber jetzt
wie einst
von hier zu ganz weit
von Feld
      zu Flamme
            zu Feuer
zieht im Lauffeuer auf

ein neuer mohnroter Sommer

FEST

wer bringt das Tuch auf den Tisch
wer bringt die Blumen
wer bringt die Sonne
wer Wasser und Wein
wer bringt die Freude
und wer Gelächter
die guten Gespräche wer bringt sie
und abends den Mondschein
die Sternschnuppe nachts?
frage ich die Leute die unterwegs sind
sie kommen sie bringen
die Freude zuerst
Sonne und Mondschein
Wasser und Wein
Gelächter Gespräche
eine Sternschnuppe zuletzt
sie bringen alles und sie kommen
zum Fest

MOHN UND SONNE

die Erde pulsiert im Licht
das aus dem gleissenden
Sonnenkreis bricht

ich schliesse die Augen

sinke ins Meer
aus blühendem Mohn
und glühender Sonne

rot nur rot

wogen Mohn und Sonne
gehen Wärme und Wonne
hin und her

MEDITATION UNTER EINEM BAUM

werde besiedelt von Erdreisenden
leichtfüssigen
zartflügligen
Kostgängerinnen
Sinnsuchern
habe ein Einsehen
in ihre verborgenen Reiche

woher sie wohl kommen
wohin sie gehen
frage ich mich
und wie ihre Welt
beschaffen sein muss
dass sie so unbeirrt
spielend verweilen

nicht wie ich
die ich oft
gehetzt und verwirrt
mal dahin mal dorthin
treibe

und wie sie sich sammeln
im Licht
wundert mich
das durch die Baumlücken
bricht

doch plötzlich weiss ich
auch ich darf
Baum Erde Licht
mit all den Erdreisenden
teilen

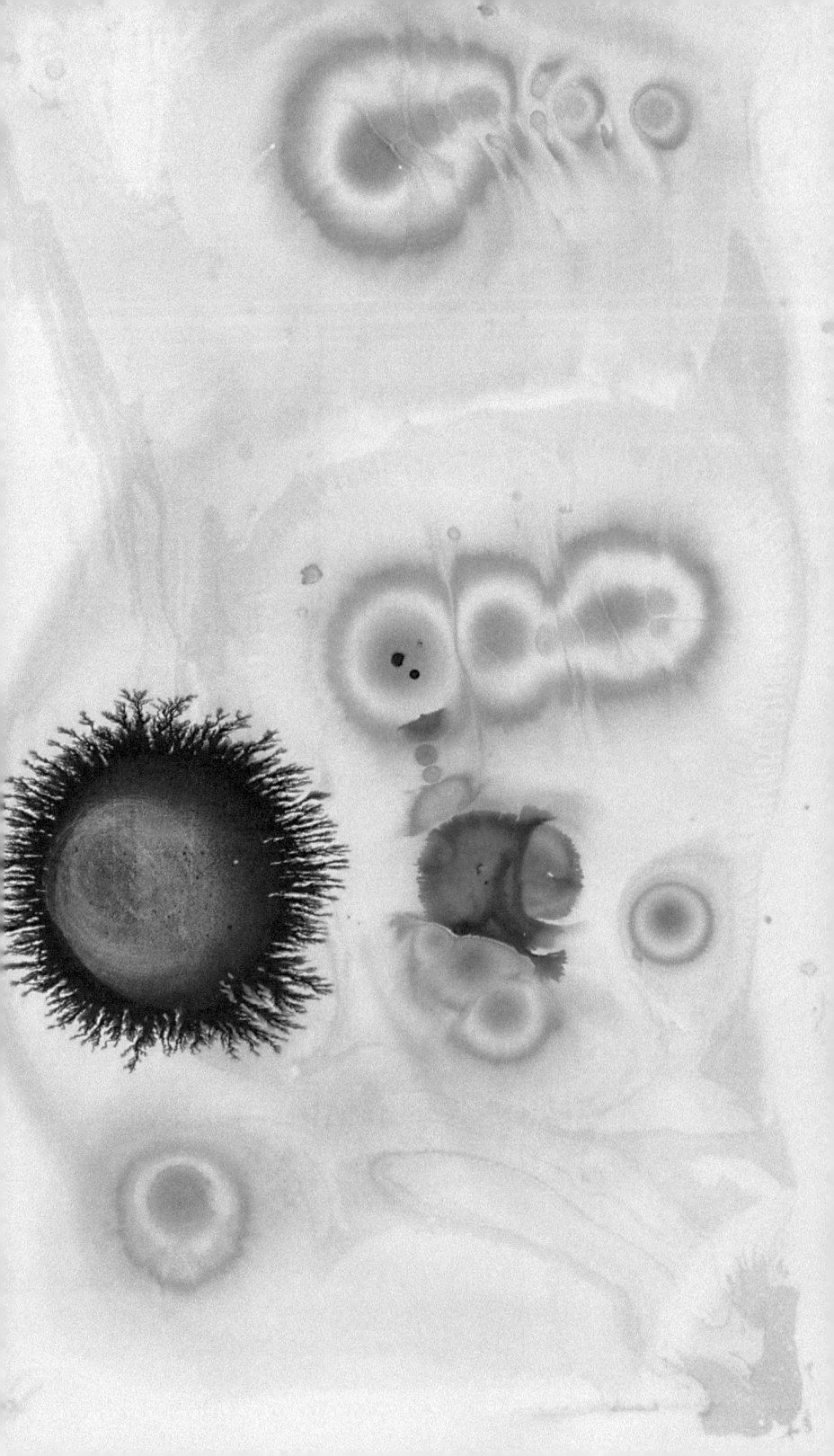

HERBSTABEND

der See
breitet sich wie ein
blassblaues Tuch
in den Abend

Blässhühner Enten
ruhen
wie dunkle Muster darin

die Stadt
liegt
am anderen Ufer
wie ein langgezogener Kahn

Lichter gehen dort an
und am Himmelsrand
glühende Farben

zwischen Dämmerung Abend
ein langes
ein zartes
Liebesspiel

TÖNE VOR ANBRUCH DER NACHT

hier oben
stehen Bäume
wie verrostete Eisenskulpturen
klirren im Wind

unten im Tal
Symphonie in Grau
Siedlungen Wiesen
Kuppen Wald

weiter den Bergen zu
lässt gelbes
und graurosa Licht
Töne von Neuschnee erahnen

von der Stadt her
vom harten Asphalt
dröhnt es
wie Schläge herauf

als würde die Erde dort
nackt
wie ein Kreisel
durchs All gejagt

jetzt nur
zu den Hirschkühen hinein
zu ihren schwarzen Leibern
und mit gespreizten Ohren unverwandt

dem Einfall
der Dunkelheit
lauschen

NACHT

wanderst in mich ein
Dunkelheit
falle dir klaglos zu

unfassbar
abgründige
du

bist
wie das Meer
mit Ebbe und Flut

anfänglich
endlos
bist vor jeder Geburt

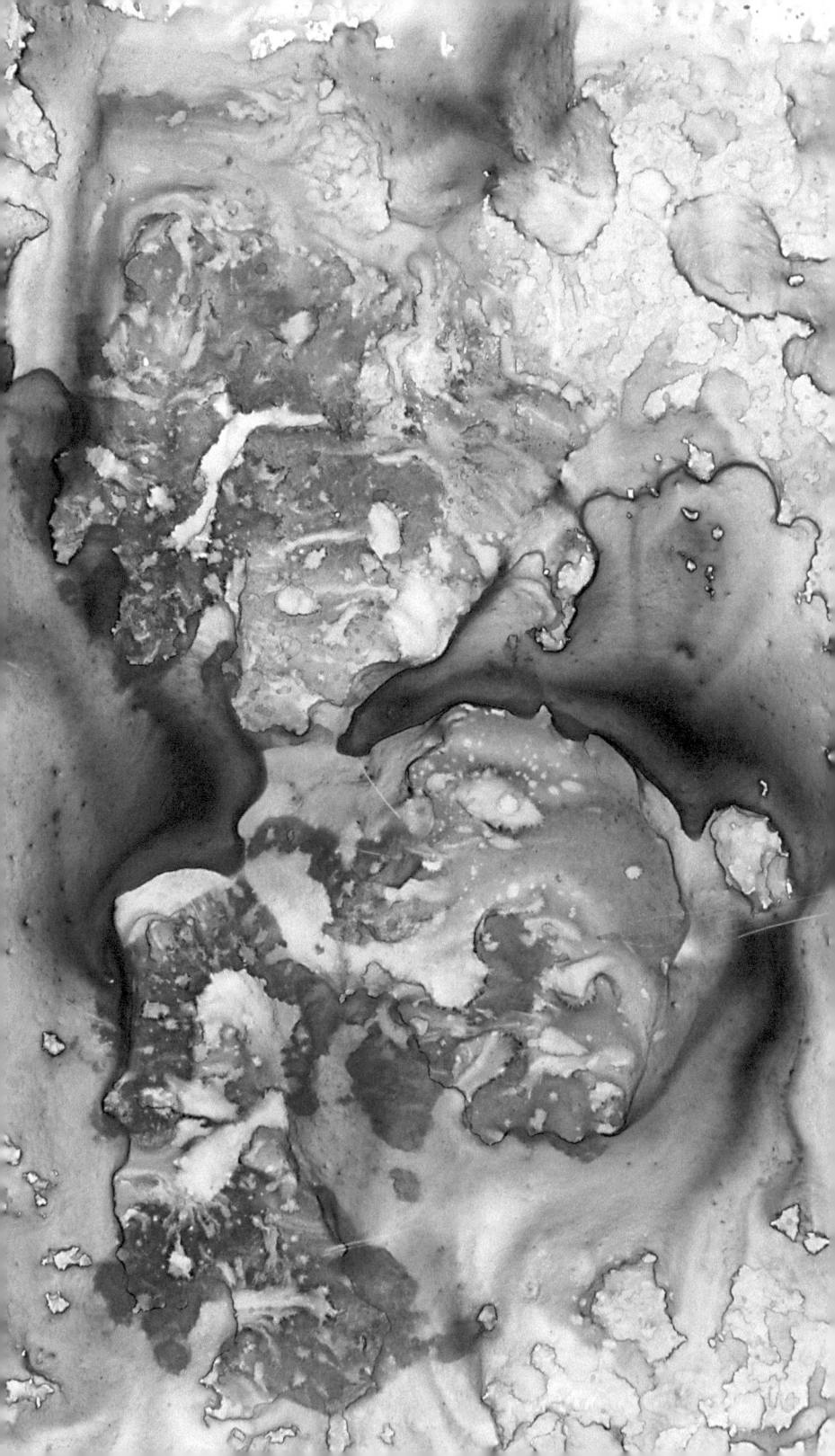

SCHNEEGESTÖBER

Schneegestöber
weiter nichts

aber die gelben die blauen die zartrosa Farben

im Schneegestöber
soviel Licht

ENDE DES JAHRS

in diesen letzten Tagen des Jahrs
ist das Licht
verstörend
beflügelnd
selig machend
wie Lumpengesindel
wie Engelshaar
wie Kinderlachen
reisst mir die Kappe vom Kopf
stellt mir die Nackenhaare auf
gibt mir Worte wie Übermut Fingerhut leichtes Gut
in den Mund
sie brennen auf der Spitze der Zunge

ABGRUND

und ich steige hinab
zu Moosen
und Farnen

wo ich nur
flüchtiger
Schatten bin

Gründunkelheit rings
abgründig
unfassliche

in der Märchen
sich manchmal
ereignen

hier treffe ich
auf Kröte
und Schlange

finde
ins Reich
von Frau Holle

ihr diene ich
sie schenkt
was ich brauche

wie Gold
rieselt es mir
über Kopf und Wange

GOYAS BILD

über dem Wald
steigt gewaltig
die Dampffahne des Atomkraftwerks auf

erinnert an den Koloss
auf Goyas Bild
wie er am Horizont mit seiner Kraft spielt

unter ihm Tiere
und Menschenscharen
die wild verstört durcheinander fahren

was für ein Spiel
was für ein Bild

VER UND ZER

die welt gerät aus den fugen
denn zwei kleine wörtchen
sie suchen
überall vergehen verwehen versehen
zerbrechen zersetzen zerlegen
verkehren
lust in verlust
verdrehen
rat zu verrat
bringen
den fall zum zerfall
verstören zerstören
drum möcht ich sie gerne
weg bringen
möchte sie und für immer
übergeben den winden
doch fürcht ich
auch mit den winden
werden sie nicht entschwinden
bis wir
altes zurücklassen
neues heilsames
wahrnehmen
schaffen

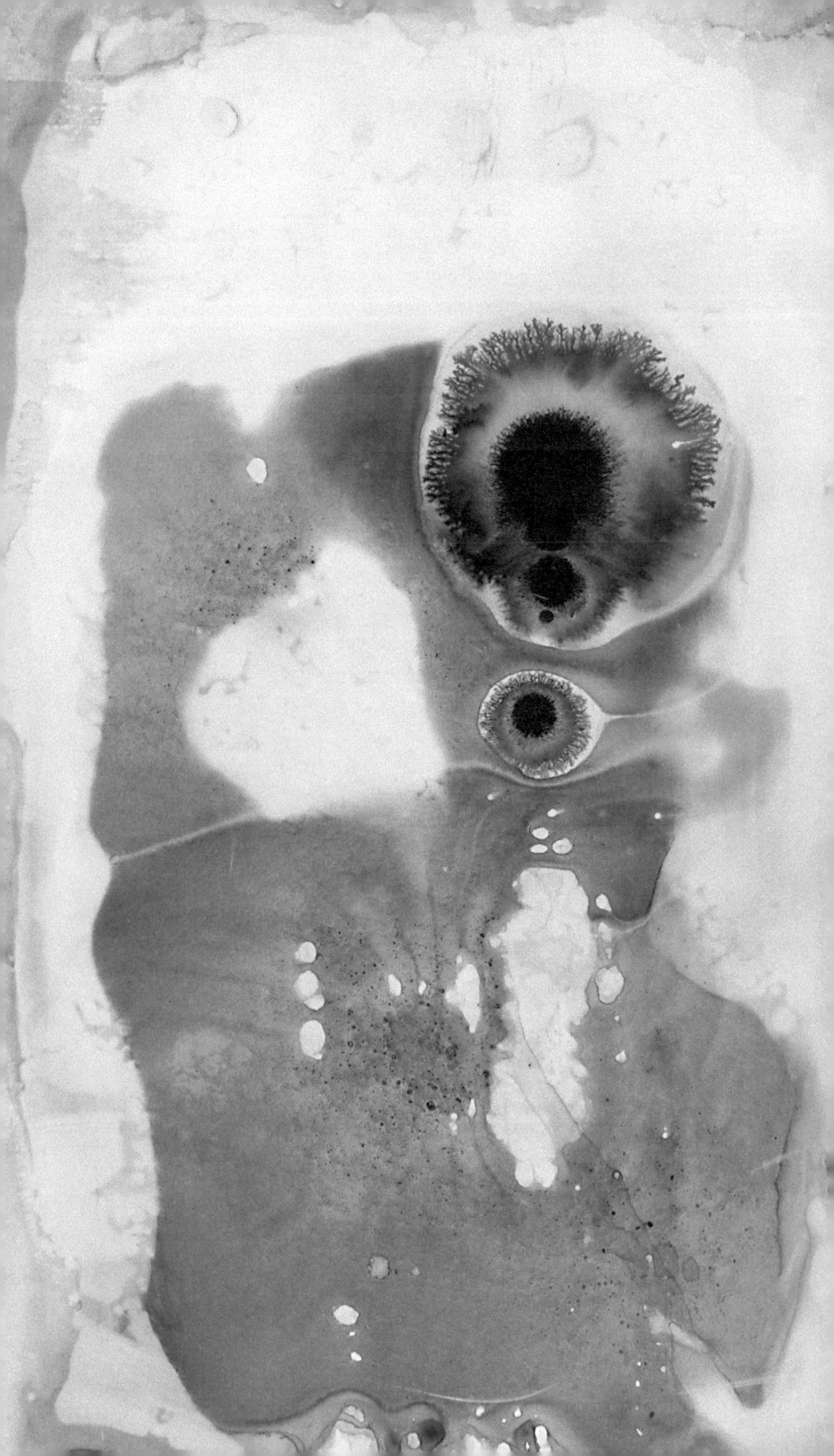

WIRRWARR

warum das wirr
und das warr
ist jemand irr
oder war's
bin ich's gar
irre närrin?

ein knäuel gewirr
verwirrt beirrt mich
umschwirrt
umschwärmt mich
umschnürt umgarnt mich
irritiert

was für ein kampf
was für ein krampf
doch plötzlich –
bin ich's
ist's die närrin
ist's geisterhand?

löst sich der wirrwarr
kurzerhand
segelt
als luftiges wölkchen
grad
über meinem scheitel

ins blau hinaus

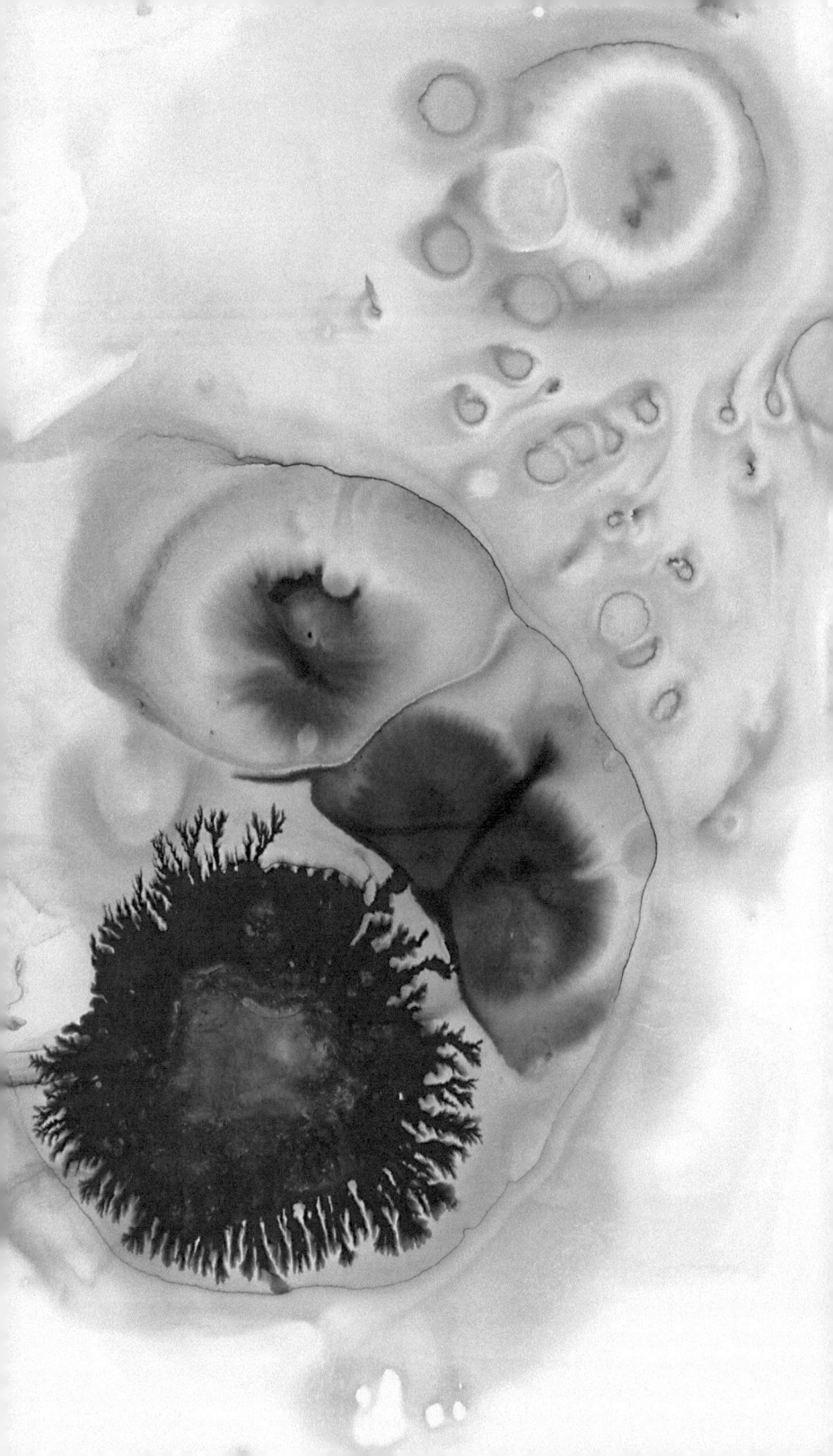

ANAPÄST

I

Ana!
noch tönt es mir in den Ohren
zwei Silben zwei Schritte
Ana!
so hell wie schnell
so krabbelig zappelig
und leichtfüssig behänd
Anas Schritte
Anas Füsse
Ana mit einem n
treppauf und hinab wie im Spiel
bis sie fiel
denn das Ende heisst Päst
ist lang und hässlich und greift ans Herz

II

Anapäst
das Wort kam zu mir im Traum
oder kam es im Vogelflug
fiel es vom Baum?
Anapäst
heisse das Zurückgeschlagene
Umgekehrte
habe nichts mit Ana am Hut
es gehe nicht um den Hut sondern um einen Fuss
genauer um einen Versfuss
Anas Fuss wurde also geschlagen
Anas Ferse
wer schlug zu?
und wer schlug zurück?
und warum?
und wo ist Ana?

III

zu vermuten ist
dass Ana fiel
auf der Treppe zur Rutschbahn
hinauf und hinunter
ich sah es nicht
doch schrie sie
schrie jämmerlich
und ich lief hin
sah ihre kleinen
krabbeligen zappeligen Füsschen
hörte sie weinen
Anas Pech! Anapäst!
drückte sie an mein Herz
lange und fest
o Ana!
Ana!
weg mit dem Päst

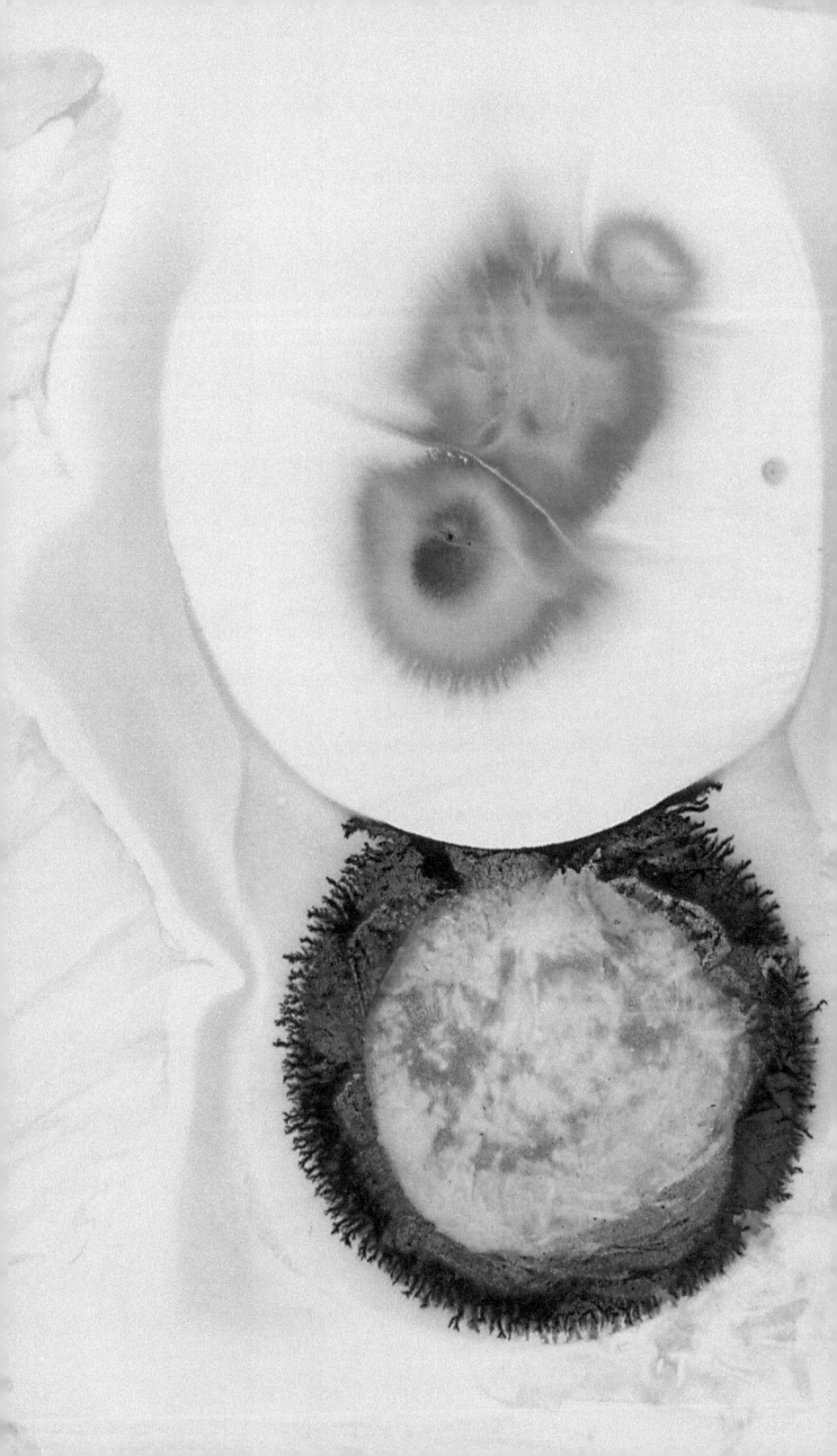

MUTTERWITZ

ich begrüsse die Klugheit
Findigkeit
Schlauheit
Gewitztheit
Verschmitztheit der Mütter

ich begrüsse den Mutterwitz
die schnelle Zunge
die Sinn und Unsinn
hin und her wendet
die Leichtigkeit einer Sache
ihr Gewicht

ich begrüsse das Luft einziehen
das Luft anhalten
das Gurgeln in der Kehle meiner Grossmutter
ich begrüsse den Goldzahn
im Schlund meiner Mutter
den einen und andern
bevor es losbricht

das Zucken und Prusten
Lachen nur Lachen
Tränen lachen
diese ganze Überschwemmung
Verschwendung
in Augen und Mund
und die Fältchen
Fältchen übers ganze Gesicht

was für ein Spiel!
meiner Kinderseele hat es sich eingeschrieben
aber wieviel ist geblieben
von Gurgeln und Goldzahn
Fältchen und Finten
Mutter- und Minenspiel?

Grossmutter Mutter
sind verstummt
sind gegangen
wie Blätter im Wind
nur manchmal hör ich sie wispern
unter der dunklen Schale meines Gehirns
wie Mäuschen wispern
in ihren Höhlen
unter den fetten Wiesen
leise wispern
doch plötzlich durchzuckt es mich

ein neuer Muttereinfall und -witz
lässt mich lachen und weinen
und ich danke euch, Mütter
wo ihr auch seid -
in meiner Kinderseele
unter der Wiese
im Licht und im Wind -
danke euch
für das Lebenssalz Lebenskorn
für die köstliche Lebensgabe

Mutterwitz

INS FETTNÄPFCHEN TRETEN

seit
zu Grossmutters Zeit
hinterm Ofen
ein Näpfchen
zum Fetten
der Stiefel
stand
trägt
wer ins Näpfchen tritt
allerhand
durch Stube und Flur

mehr noch
seither zieht
eine Spur
voller Ärger und Scham
durch unsere Alltagskultur

du siehst die Spur
nicht nur im Flur
du siehst sie in jedem Gesicht
das plötzlich erbleicht
oder rot anläuft
zum Davonlaufen ist's
mit der Spur
im Gesicht
doch die Spur
sie läuft einfach
mit

LIEBEDIENERN

ich liebedienere
du liebedienerst
er liebedienert
sie dienert lieb
wir dienen lieber
ihr lieben diener
sie belieben
zu dienen

sie dienen nach Belieben
der Liebe dem Geld
dienen jeder Grösse
auf beliebigem Feld
bedienen
durch alle Formen
ich du er sie wir ihr
nach Normen

bedienen als wär's Liebe
die Lieblosigkeit
dienen als wär's Ehre
der Schmeichelei
gleiten
wie ein Tablett
über das
Gesellschaftsparkett

doch wer Baum ist
steht aufrecht
und fest

SCHREIBART

mit einem Wort:
sie war »alleinstehend«
ohne Mann
alleinstehend verloren
vermutete man
es musste ihr etwas fehlen
beim Stehen
eine Hälfte ein Bein eine Hand?
und sie hatte wohl Mangel an Stand
an Stehvermögen Wohlstand?
doch nun
ist sie »allein stehend«
in zwei Worte getrennt
steht auf zwei Beinen
für sich und stellt
stand fest
nach aussen sich dar
und das
dank neuer deutscher Rechtschreibeart!

INHALT

HAB ACHT JEDE NACHT   **4**

TAGWERK   **6**

KLEINODE   **7**

KUCKUCKSRUF   **8**

ZEICHEN IM RAUM   **10**

BERGSEE   **11**

LUFTSCHLOSS   **12**

SELIGPREISUNG   **13**

DAS UNSICHTBARE   **14**

WER BIN ICH?   **15**

DAS ALLERMITTEILSAMSTE   **16**

LEBEN   **17**

SEI'S FREIER   **18**

LEBENSLAUF   **20**

DIMINUENDO   **21**

ZWIEGESPRÄCH   **22**

EIN KORN LIEBE   **23**

WIE NUR FREUDE SO TIEF   **24**

HERBSTLIEBE   **26**

BITTE   **27**

HUNDSROSE HAGEBUTTE MARK   **28**

LEBEN DUFTENDER BAUM   **29**

GEDANKEN HABEN   **30**

VORSTELLUNGSDUNST   **31**

IM FALLEN   **32**

SIE   **33**

HOFFNUNG   **34**

HEILEN   **35**

WAHRNEHMEN   **36**

ZU MUT   **37**

BE GREIFEN   **38**

VERSTEHEN   **40**

ANTWORTEN   **41**

AUGENWEIDE **42**

BALLAST **43**

ÜBER MUT **44**

WIE KIESEL VOM GRUND **46**

IRIS **47**

VON FUSS BIS KOPF **48**

MÖRDERGRUBE **50**

GEIZKRAGEN **51**

DAMPFKOCHTOPF **52**

OFFEN FÜR DAS WAS BEGEGNET **53**

PETER SO GEHT ER **54**

KURZGESCHICHTE **56**

ALMAS TRAUM **57**

WIE EIN FLÜCHTIGER SONNENSTRAHL **58**

PUNKT **59**

ALLERLEI WIRBEL **60**

LAUTER ÜBERMUT **61**

MITTEILUNG **62**

ERSTE SCHWALBEN **64**

AM SEE **65**

IM GETRIEBE **66**

WANDERLUST **68**

DIE FARBEN VOM SOMMER **69**

FEST **70**

MOHN UND SONNE **71**

MEDITATION UNTER EINEM BAUM **72**

HERBSTABEND **74**

TÖNE VOR ANBRUCH DER NACHT **75**

NACHT **76**

SCHNEEGESTÖBER **78**

ENDE DES JAHRS **79**

ABGRUND **80**

GOYAS BILD **81**

VER UND ZER **82**

WIRRWARR **84**

ANAPÄST **86**

MUTTERWITZ **90**

INS FETTNÄPFCHEN TRETEN **92**

LIEBEDIENERN **93**

SCHREIBART **94**

MADELEINE BUESS
geboren 1948 in Strengelbach / Schweiz,
arbeitet als Psychotherapeutin in eigener
Praxis in Zofingen, schreibt Gedichte und
Prosa.
Letzte Veröffentlichungen:
- Frau Linder mit Nelke im Knopfloch,
  100 Gedichte. Nimrod Verlag 2004
- Liebe Mutter, Briefe vom Grenzland.
  eFeF Verlag 2011

madeleine.buess@hispeed.ch

ROSA LORENZO IGLESIAS
geboren 1967 in Vigo, Galizien / Spanien,
besuchte in ihrer Heimatstadt die Kunst-
schule »abracadabra« von 1982 – 1984.
Es folgten arbeitsreiche Jahre in Spanien
und der Schweiz mit zahlreichen individu-
ellen und kollektiven Ausstellungen. Rosa
Lorenzo Iglesias ist Mutter von zwei Kin-
dern und arbeitet als SVEP1–zertifizierte
Kursleiterin für Kultur und Kreativität in
Zofingen.

www.morfeo-art.ch